Russia

世界のともだち 35

ロシア

セミョーン 北の国の夏休み
安井草平

Привет!!!
プリヴェート！（やあ！）

Меня зовут
ぼくの名前は

Семён.
セミョーンです。

こんにちは。
ぼくの名前は
セミョーンです。

ここは、世界でいちばん大きな国、ロシアの
東のはしにある、ウラジオストクという街。
首都のモスクワからは9000キロ以上離れていますが、
日本からは海をはさんで、すぐおとなり。
セミョーンが立っているのは、
まっしろに凍った日本海です。

左からお母さん、セミョーン、ソフィア、お父さん。家のソファで

セミョーンの家族

　セミョーンは、お父さんのアレクセイ（41才）と、お母さんのガリーナ（38才）、妹のソフィア（7才）との4人家族です。

　お父さんは、印刷所や、サバイバルゲームを主催する会社を、友人たちと営んでいます。家ではきびしく、とても頼りになる一家の大黒柱。出張がおおかったため、セミョーンは幼いころから留守のあいだの家をまかされてきました。お母さんはふだん、観葉植物のおろし売りの仕事をしていて、夏のあいだは「ダーチャ」とよばれる海辺の別荘をペンションにして、はたらいています。ともだちみたいになんでも話せる、やさしいお母さんです。妹のソフィアはダンスを習っていて、セミョーンとは大のなかよし。週に1回、近所のダンス教室に行くときは、セミョーンが責任をもって送り迎えします。

　家族みんな、自然のなかですごすのが好きで、家とダーチャを行き来しながらくらしています。

お父さんとお母さん。ふたりとも旅好き

新婚旅行は、中国にある万里の長城へ

「お父さん、おんぶ!」

↑
結婚式の写真

お母さんには、つい甘えてしまう

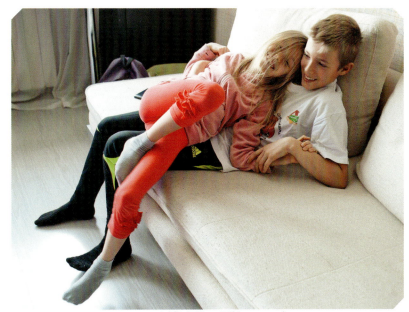

ソフィアは小学1年生。お人形あそびが好き

いとこのセルゲイと。ロシアではアイスホッケーが人気

セミョーンのこと

　正式な名前は、セミョーン・アレクセイビッチ・ナウモフ。11才です。ロシアでは、名字と名前のあいだに「父称」というものをもちます。日本で「〜さん」というよびかたをするように、名前と父称をつづけてよぶのが礼儀です。お父さんがアレクセイだから、セミョーンの父称はアレクセイビッチ。「アレクセイの子」という意味です。

　セミョーンは、あまり人見知りをせず、なんにでも積極的にチャレンジする男の子。ちょっぴり目立ちたがりなところもあって、クラスの女の子たちに人気があるようです。算数がいちばんとくいで、「自分でもよくわからないけど、問題がとけるんだ」とセミョーン。苦手な科目は音楽です。
　「空道」という格闘技を習っていたことがあって、街の大会では３位になりました。２年前にやめてからは、地元のサッカークラブに入りました。ウラジオストクでいちばん強いクラブです。

冷蔵庫のリンゴをガブリ！

キックスケーターであそぶのも好き！

ポジションはゴールキーパー

1列にならんでコーチの話をきく

チームメイトと

家ではだいたいはだか

小さいときに描いたお医者さんの絵

オンラインゲームをする

1才のセミョーンとお父さん

いつもいっしょにねるよ！

外からみたところ。おなじかたちの窓がいっぱい！

セミョーンの家

いらっしゃい！

　セミョーンたちの住む家は、ウラジオストクの街なかにある、大きな集合住宅の5階です。
　冬の寒さがきびしいロシアですが、建物全体をあたためる「セントラル・ヒーティング」によって、室内はいつもあたたかく保たれていて、外がマイナス20℃の極寒でも、半そでに短パンですごすことができます。
　ロシアがソビエト社会主義共和国連邦（ソ連）だったころは、巨大な集合住宅がたくさん建てられ、家族の人数や仕事におうじて、すべての人びとに住居がわけあたえられていました。そのため、いまでも街なかで一軒家をみかけることはあまりありません。

セミョーンの家まどり図

シンプルなキッチン

料理にかけるサワークリーム

ロシアのパン、ピロシキ

ボルシチ（赤カブのスープ）

折りたたみ式のソファベッド。ロシアではよく使われる

おみやげのマグネットがびっしり！

携帯電話をみながらくつろぐ

料理をつくるお母さん。なにができるかな？

紅茶とクッキーでティータイム

冬のお楽しみ

　ロシアには、寒くてながい冬を楽しくすごすためのお楽しみが、たくさんあります。
　劇場では、コンサートやお芝居、サーカスや人形劇が数おおく上演されます。セミョーンたちにとっても、それらをみにいくことは、冬のたいせつな行事のひとつ。冬休みには、子ども向けの特別プログラムもたくさんあるので、えらび放題です。

糸をたらして集中……あっ、小さな魚がつれた！

ドリルをまわしてあなをあける

氷の厚みは20センチくらい

ワクワクしながらサーカスをみる

冬の海や川には、厚く氷がはっています。そこでアイススケートをしたり、あなをあけて魚つりをしたり、どんなに寒くても、外であそぶことは欠かせません。この日、セミョーンは氷にあなをあけながら「バケツいっぱいの魚をつるよ！」と、はりきっていましたが、なかなか思ったようにつれず、30分もすると、すこしあきてしまったようでした。

外であそんだあとは、あたたかい室内にもどってゆっくりとすごします。「バーニャ」というロシア式のサウナは、体を芯からあたためてくれます。

セミョーンはスケートもとくい

ピエロたちと記念撮影。ちょっぴり緊張……

冷水浴用のあな。おちないように気をつけて！

ブーフタ・ザラトーイ・ローク（金角湾）にかかる黄金橋

「ヒョウの土地」。国立公園の看板

ケーブルカーで移動する

ソ連時代につくられた鉄道橋

沿海地方のこと

　セミョーンたちのくらすウラジオストクは、日本海に面した「沿海地方」とよばれる地域にあります。ロシアはとても大きな国。たくさんの州や共和国からなる連邦国ですが、沿海地方はそのなかでもいちばん東のはしにある地域のひとつです。ゆたかな自然が残っていて、国立公園の森には、絶滅寸前のアムールヒョウやアムールトラがすんでいます。

街を見下ろすと、大きな建物のあいだに教会がみえる

海沿いの遊歩道。みんなよく散歩している

　ウラジオストクは、世界一ながいシベリア鉄道の東のはしとしても有名です。西のはし、首都のモスクワからは、約7日間の列車の旅です。

　また、軍港都市としての歴史がながく、1991年にソ連がなくなるまでは「閉鎖都市」とされ、外国人は立ちいることができませんでした。いまでは、貿易のための港として栄えています。

　近年、街のまんなかに大きな橋がふたつでき、交通が便利になりました。街の景色をいっそう引きたてる、ウラジオストクのあたらしいシンボルです。

ソ連時代のモニュメント

使われなくなった砲台

ダーチャで迎える新年

ソ連時代、どの家庭も「ダーチャ」とよばれる簡素なつくりの別荘をもつのがあたりまえでした。住居とおなじく、政府が各家庭にあたえたものでしたが、ソ連が崩壊してからは個人のもちものになりました。人びとはダーチャで夏をすごしながら、家庭菜園で野菜や果物を栽培します。また、冬が近づくと、ジャムやピクルスをつくって備えます。

空気が澄んでいて、夜は星がきれい！

「かわいい！」 ダーチャに向かうとちゅう、出会った馬とあいさつ

置き去りにされたままの船

「行くよ、ブラック！」

↑
まき割りの
お手つだい

ともだちの飼い犬、
ブラックと夕方の散歩

暖炉の火で、部屋はいつもあたたかい

バーニャのなかでジュースをのむ

あけましておめでとう！年が明けたら、みんなで乾杯

8年ほど前、セミョーンたち一家はウラジオストクから南へ約200km行ったところにある、ハサン地区のヴィチャジという小さな入り江にダーチャを建てました。自然がゆたかなこの土地に、お父さんがほとんどひとりで建てたそうです。一家にとってここは、休暇や祝日をすごすためのとくべつな場所。学校が冬休みになると、新年を迎えるために、いとこたちもいっしょにダーチャへ向かいます。

ロシア正教のクリスマスはユリウス暦という暦で決められていて、毎年1月7日。そのため、新年

ジェンガであそぶ。ズルはだめだよ〜

ソフィアは大好きなレゴをもらった

ロシアにも年ごとに干支がある

セミョーンは犬のブラックが大好き

花火で新年のお祝い

をさきに祝います。大みそかの日は、セミョーンたちもヨルカ（ツリー）をかざったり、料理をテーブルにならべたりと大いそがし。年が明けると、ひと足早いクリスマスプレゼントがもらえます。ことしセミョーンがもらったのは、あたらしい携帯電話。使っていたものがこわれてしまったので、ちょうどよかった、とよろこんでいました。大みそかやお正月は、どんなに遅くまで起きていても、しかられません。おなかいっぱい食べて、好きなだけあそんだら、あたたかい部屋のなかでぐっすりと眠ります。

お正月料理。カニカマや、のり巻きもある

学校へ行く

ロシアの義務教育は、全部で9年間あります。小学校が4年間で、中学校が5年間。そのあと、2年間の高校へと進みます。11才のセミョーンは中学1年生です。小学校から高校までが、おなじ校舎のなかにあることもめずらしくありません。

午前7時、朝に弱いセミョーンは、学校のしたくをしながら、まだ眠たそう。8時15分からの授

半分ねながら朝ごはん

セミョーンのかばんのなかみ

学校までは歩いて10分

校舎のとなりには広いグラウンドがある

業に間にあうように、いそいで朝ごはんを食べます。小学1年生のソフィアもおなじ校舎で勉強しているので、きょうはいっしょに登校です。

セミョーンの通う学校は「17番」。ロシアでは、学校を数字でよびます。1回45分の授業が6時限まであり、授業のあいだに5分間の休けいや、ながめの休み時間があります。給食はなく、おなかがすく子は軽食をもってきたり、食堂でパンやスープを買ったりしています。セミョーンはいつも、家に帰ってからお昼ごはんを食べます。

「日本に行ったことがある人ー!」

はーい! 手をあげて答える

体育のアウトドア・ツーリズムの授業。テントの組み立てかたを習う

「パン、ひとつください!」

きょうも練習！

　午後1時半ごろに6時間目の授業がおわり、学校から帰ると、もうおなかはペコペコです。いそいでお昼ごはんを食べたら、バスにのってサッカー場へ向かいます。セミョーンは、街でいちばんのクラブで、ゴールキーパーとしてプレーしています。

PKの練習。かかってこい！

ボールをとったらなかまにパス！

ナイスセーブ！

あぶない場面でも、かかんにボールに飛びつく

つかれたので、ちょっとひと休み

　去年の秋、セミョーンはひざをけがして、半年くらい練習をお休みしていました。体を動かすのが大好きなセミョーンにとっては、それがとてもつらいことだったようです。もうサッカーができなくなってしまうかもしれないと思うと、とても悲しくて、くやしくなりました。幸い、お医者さんからは「またサッカーをしてもいいよ」といってもらえました。休んでいたぶんをとりもどすために、チームのみんなよりもたくさん練習をします。

戦後70年の記念の年で、とくにおおくの参加者があつまった

ひいおばあさん。軍艦ではたらく看護師だった

勝利の日

5月9日のДень победы（勝利の日）は、ロシアの人びとにとって、とてもたいせつな日です。これは、第二次世界大戦のときにソ連軍がドイツ軍をやぶった日。ながい戦争をおわりに導いた「勝利の日」として、戦争で亡くなった人や、戦った人たちへの感謝のきもちをあらわします。どの街でも記念式典をおこないますが、首都モスクワの赤の広場の

おじいちゃん、おばあちゃんと

退役軍人に手紙をおくる

手紙のなかみ

戦没者に花をそなえる

「整列！」水兵さんがならんだ

式典がとくに有名。人びとは胸に黒とオレンジの縞が入ったリボンをつけて、広場にあつまって行進します。このリボンは、5月に入ると街で配られはじめ、銀行やスーパーなどでもらえます。

「不滅の連隊」という運動が、ここ数年でロシア中に広まりました。戦争を経験した家族や親せきの写真をかかげて、行進します。ことし、セミョーンはひいおじいさんと、ひいおばあさんの写真をもっていきました。この日、ウラジオストクで行進に参加した人は、1万5000人もいたそうです。

かえり道、近所の公園であそぶ

ナターシャおばさんの家のダーチャ

　式典がおわったら、家やダーチャで家族や親せきといっしょにすごします。ことしは、お母さんの妹のナターシャおばさん夫婦のダーチャに、みんなであつまりました。おばあちゃん、おじさんやおばさんに、セミョーンのいとこたちがせいぞろいです。いちばん下のいとこのゴーシャはまだ小さいので、みんなであそんであげます。ゴーシャお気にいりの、ラジコンボートのおもちゃをもって、いっしょに近くの池まで走らせにいきました。
　ごはんの準備ができたら、テーブルを外に出し

ごはんの準備中。スモークサーモンやサラダがならぶ

「ウハー」という、魚と野菜のスープ
↓

↑
バーベキューのお肉とジャガイモ

外で食べると、きもちがいいね！

みんなでおもちゃのとりあい

て、バーベキューをしながら、のんびりとくつろぎます。セミョーンたちは、追いかけっこをして走りまわり、おとなたちはウォッカという強いお酒を飲んでいて、みんなほんとうに楽しそうです。こうしていっしょに時間をすごしていると、ロシアの人びとがダーチャでのくらしをとてもたいせつにしているのがよくわかります。

まだすこし肌寒いですが、このころから日差しがあたたかくなり、緑もどんどん濃くなっていきます。みんなの大好きな夏休みも、もうすぐです。

畑でそだったラムソン。ニンニクに似たかおり

みんなでいっしょに、「ハイ、チーズ！」

夏休みのはじまり

ロシアの学校の夏休みは6月にはじまり、9月の始業式までの約3か月です。休みがはじまると、子どもたちはキャンプに行って、自然のなかでのびのびとすごすのが一般的。セミョーンのお父さんは毎年サバイバルの教室をひらいていて、ことしはセミョーンもそこで3週間のキャンプ生活を体験しました。

毎朝7時に起きて、まずはランニングと筋力トレーニング。みんなまだ眠いので、とてもつらそうです。昼間はサバイバルに関する講習があって、いろいろなことを学びます。火の起こしかたを習ったり、カモフラージュをして、森のなかでかくれんぼうをしてあそんだりもします。先生たちはきびしいけれど、やさしい人ばかりです。

家ではすこし甘えんぼうのセミョーンも、キャンプがおわるころには、とてもたくましい顔つきになっていました。ながいキャンプ生活がおわると、お母さんとソフィアのまつ、大好きなダーチャへと向かいます。

野外でレクチャー

朝のトレーニング。すごくきびしい

ソフィアの8才の誕生日。ケーキに立てたろうそくを、ふーっ！

子ども用のシャンパンをついであげる

夏のダーチャ

　まちにまったダーチャでの生活がはじまりました。8月生まれのソフィアの誕生日は、毎年かならずダーチャでお祝いします。セミョーンは、まるで自分の誕生日のようによろこんでいました。

　きのこ狩りは、ロシアの人にとってたいせつな行事のひとつ。雨がふったあとの森に入ると、あちこちにきのこが顔を出しています。みんなで手分けし

きのこを探して森のなかへ。雨のあとの森は、ひんやりしている

て、大きなかごいっぱいに収穫しました。

庭では、ジャガイモ、青ネギ、キュウリにトマト、ハーブ類や「ビート」という赤カブなどの野菜をそだてています。以前ロシアでは、お店に行っても食料品が売られていない時期がありました。そんな苦しい状況でも、人びとは自分たちで野菜などをそだてることで、なんとかくらしていたのです。

いまではスーパーに行けばなんでも買えますが、むかしからの習慣で家庭菜園をつづけている人は、とてもたくさんいます。

おいしいきのこがてんこもり！ ことしはたくさんとれた

大きなスイカ！

もぎたてのトマトとローズヒップ（バラの実）

ニンニクも、じょうずにそだった！

冬に訪れたときには凍りついていた海も、青く澄んで波を立てています。セミョーンたちは、朝から夕方まで、一日中海辺ですごします。入り江に置いたままになっている古い船の上までのぼって、飛びこんであそぶのがお気にいりです。セミョーンは運動神経がばつぐんで、空中でくるっと回転してからみごとに着水して、みんなをなんどもおどろかせました。

　ダーチャのあるヴィチャジは、最近とても人気のある観光地です。はるばるモスクワから海水浴にくるお客さんもいます。お母さんは、ダーチャをペンションにしてはたらいているので、みんなのごはんの準備をするので大いそがしです。

　1年ほど前、セミョーンはお父さんに四輪バギーの運転のしかたを教えてもらいました。ずっと運転したいと思っていたので、とてもうれしかったそうです。それ以来、バギーにのって遠くまであそびにいくのが、ダーチャでの楽しみのひとつになりました。

ソフィアのアイスも味見させて！

ナラの木。ダーチャの守り神

お客さんといっしょにごはんを食べる

ソ連時代から使っている食器

ともだちがとってくれた

← ダーチャのそばにはプールもある

日焼けした顔にクリームをぬる

ハリー・ポッターのDVDをみる

ぷはーっ！きもちいい！

熱くなった砂浜でひなたぼっこ

ローズヒップ。皮があまくておいしい

水道の修理をするお手つだい

あとから合流したお父さんとボードゲームであそぶ

きょうのお昼は、お父さん特製ピラフ

こわれたドアの修理

ある日、セミョーンはじまんのバギーで、見晴らしのよい丘の上までつれていってくれました。でこぼこな斜面でもじょうずに運転するセミョーンの背中が、たのもしく感じられます。頂上につくと、海を見下ろす崖の上で、水平線のむこうの日本のことなど、いろいろな話をしました。

ロシアのみじかい夏がおわろうとしています。もうすぐ休みもおわり、新学期がはじまって、セミョーンの学年も、またひとつ上がります。

「どこへでもつれていってあげるよ！」

ロシアのあらまし

※データは2020年現在のもの

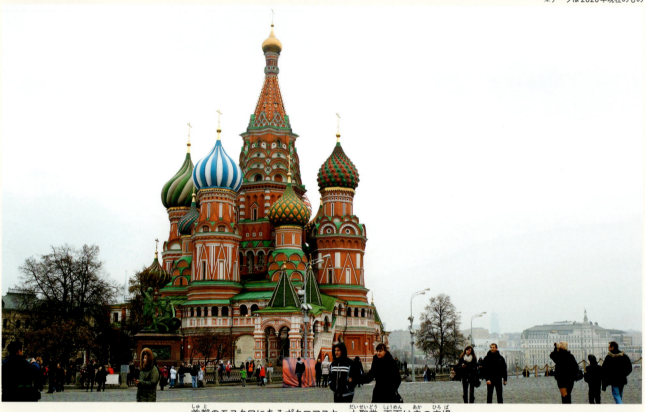
首都のモスクワにあるポクロフスキー大聖堂。正面は赤の広場

国名 ロシア連邦

人口 約1億4670万人

首都 モスクワ

言語 ロシア語。そのほか、民族によって異なる100以上の言語がある。

民族 ロシア人約79.8％、タタール人約3.8％、ウクライナ人約2％など。

国土

ユーラシア大陸北部に位置し、北は北極海に、東はオホーツク海などに面している。南は中国、モンゴルなどと、西はウクライナ、フィンランド、ベラルーシなどと国境を接する。東西に長く、東と西の時差は10時間。面積は世界最大の約1710万km²で、日本の約45倍。

気候

国土のほとんどはツンドラ気候と亜寒帯気候で寒い。西部は比較的温暖だが、東部は夏と冬の気温の差が大きい。モスクワの1月の平均気温は－6.5℃、7月は19.2℃。

通貨

ルーブルとカペイカ。100カペイカは1ルーブルで、約1.4円。

政治

共和制、連邦制。国家元首は大統領で、国民の直接選挙で選ばれ、任期6年。大統領は首相を指名し、首相は行政を行う。議会は二院制。上院（連邦院）は170議席、任期4～5年。下院（国家院）は450議席、任期5年。選挙権は18才から。

歴史

15世紀、モスクワを中心にして力を持っていたイワン3世がロシアを統一して皇帝となる。イワン4世は農民を服従させる農奴制を強化し、西シベリアまで領土を広げた。1613年にロマノフ朝が始まり、17世紀末に即位したピョートル1世は近代化をはかり、東に領土を広げてロシア帝国となった。1812年、フランスのナポレオンがモスクワを占領。このときヨーロッパの先進国の文化にふれたことで近代化を求める運動が広がり、19世紀後半には農奴制が廃止された。1904～05年の日露戦争での敗北をきっかけに反乱が始まり、1905年と1917年の2度にわたりロシア革命がおこった。1922年には、歴史上初の社会主義国家

マトリョーシカ人形

ロシア正教会

チュヴァシ人の民族衣装

バレエ学校の練習風景

南部にはラクダもいる

モスクワ最大のデパート、グム百貨店

レーニンのモニュメント

ロシアの紙幣と硬貨

であるソビエト社会主義共和国連邦（ソ連）が、ロシア共和国を中心に誕生。政党は共産党だけで、議長（国の最高指導者）にはレーニンが就任した。レーニンが病に倒れた後はスターリンが書記長として実権を握り、農業国家から工業国家へ転換。第二次世界大戦後は周辺の国々に働きかけて社会主義の国を増やし、アメリカなどの自由主義国家と対立した。しかし、社会主義の体制はしだいに経済の発展をさまたげるようになる。1985年に書記長となったゴルバチョフは、1990年に複数政党制を導入すると、大統領に就任して一党独裁を廃止した。「ペレストロイカ」とよばれる一連の改革に刺激され、連邦内の各国で民族運動が活発化し、1991年9月、リトアニアを始めとするバルト三国が独立。同年12月にゴルバチョフが辞任し、ソ連は崩壊した。ロシア共和国がロシア連邦として成立すると、初代大統領にエリツィンが就任し、資本主義国となる。2000年にはプーチンが大統領になり、経済を発展させた。かつてソ連だった周辺国の一部とは、帰属をめぐっていまも対立が続いている。

産業

石油、天然ガス、石炭、鉄、銅などの天然資源に恵まれ、鉱業や工業がさかん。天然ガスの埋蔵量は世界2位、石油やダイヤモンドも多い。国土の約50％が森林で、産業用丸太の輸出量は世界1位。おもな貿易相手国は、中国、ドイツ、オランダ、ベラルーシなど。

教育

6才（または7才）から学校に通う。小学校4年（または3年）、中学校5年、高校2年。小学校と中学校が義務教育で、公立なら学費は無償。大学は4年。

宗教

キリスト教のひとつであるロシア正教が53.1％で、イスラム教が8.2％。そのほか、仏教やユダヤ教なども信仰されている。

芸術

バレエやオペラ、サーカスなどの舞台芸術がさかん。文学では、トルストイ、ドストエフスキー、ゴーゴリ、ツルゲーネフ、チェーホフなどの作家が知られる。

あとがき

　知人にセミョーンを紹介してもらい、はじめて彼とあそんだのは、凍りついた日本海の上でした。わたしはこれまで「ロシアの一般的なくらし」をテーマに撮影をつづけてきました。日本からモスクワなどのヨーロッパ方面へ出かけるときは、広大なロシアをおおまたで通りすぎていきます。でも、ウラジオストクはすぐ足もとにありました。成田からウラジオストクまで、飛行機でたったの2時間半です。

　セミョーンは、とても素直にわたしと接してくれました。年ごろの少年ですから、いつも写真に撮られるのはすこしはずかしいことだったと思います。それでも、サービス精神が旺盛なセミョーンは、最後までわたしにつきあってくれました。毎回、わたしが取材にくるのを楽しみにまっていてくれたそうです。みじかいあいだでしたが、セミョーンの成長がみられたことを、うれしく思います。セミョーンはわたしと出会って、日本を訪れてみたいと思うようになったそうです。いつか、セミョーンと日本で会える日がくるといいなと思います。

　ロシアと日本のあいだには、解決していないむずかしい問題もあります。「ロシアのほんとうのすがたを、つぎの世代の子どもたちにみてもらいたい」とねがうセミョーンの両親は、この本の取材を快く引きうけてくれました。セミョーンのような若い世代が、いつの日かおたがいの国の距離を近づけてくれることを夢みているそうです。

　この本を読んでくれているみなさんは、どう思いますか？　ロシアはわたしたちにとって、遠い国ですか、それとも近い国ですか？　それを決めるのは、セミョーンであり、わたしであり、みなさんひとりひとりだと思うのです。

　わたしを家族のようにもてなしてくれたナウモフ家のみなさん、それからこの本に関わって下さったすべての方に、大きな感謝をこめて。

――安井草平

安井草平　やすい そうへい
1983年神奈川県茅ヶ崎市生まれ。日本写真芸術専門学校卒業後、「現代写真におけるロシアのビジュアルイメージ」を研究テーマにロシアへ留学。ロシア連邦カザン大学にて6年間にわたりリサーチをおこないながら作品を制作。これまでにドイツ、ロシア、ラトビア、カンボジア、インドなどで作品を発表。2015年6月に、国内で初めての個展「An Uncertain Circle - ロマの村からの日記」を新宿コニカミノルタプラザにて開催。

世界のともだち 35

ロシア

セミョーン 北の国の夏休み

写真・文	安井草平
発行	2016年4月1刷　2020年12月2刷
発行者	今村正樹
発行所	偕成社
	〒162-8450　東京都新宿区市谷砂土原町3-5
TEL	03-3260-3221［販売部］　03-3260-3229［編集部］
URL	http://www.kaiseisha.co.jp/
印刷	大日本印刷
製本	難波製本
デザイン	寄藤文平＋鈴木千佳子（文平銀座）
	浜名信次（Beach）
イラスト	鈴木千佳子
編集協力	島本脩二
執筆協力	山田智子（P.38-39）

【おもな参考書籍・ウェブサイト】
・『データブック オブ・ザ・ワールド 2020 世界各国要覧と最新統計』二宮書店
・外務省ウェブサイト（国・地域　ロシア連邦）http://www.mofa.go.jp/mofaj/area/russia/
・外務省ウェブサイト（諸外国・地域の学校情報　ロシア）http://www.mofa.go.jp/mofaj/toko/world_school/05europe/infoC55200.html
・日本貿易振興機構ウェブサイト（ロシア）http://www.jetro.go.jp/world/russia_cis/ru/
・栗生沢猛夫『図説 ロシアの歴史』河出書房新社

NDC748　25cm　40P.　ISBN978-4-03-648350-1　©2016, Sohei YASUI　Published by KAISEI-SHA. Printed in Japan.
落丁本・乱丁本はお取り替えいたします。本のご注文は電話、FAX、またはEメールでお受けしています。
Tel:03-3260-3221　Fax:03-3260-3222　E-mail:sales@kaiseisha.co.jp